T0141619

Arte y cultura

Arte abstracto

Rectas, semirrectas y ángulos

Saskia Lacey

Asesoras

Michele Ogden, Ed.D
Directora
Irvine Unified School District

Colleen Pollitt, M.A.Ed.
Maestra de apoyo de matemáticas
Howard County Public Schools

Créditos de publicacion

Rachelle Cracchiolo, M.S.Ed., *Editora comercial*
Conni Medina, M.A.Ed., *Gerente editorial*
Dona Herweck Rice, *Realizadora de la serie*
Emily R. Smith, M.A.Ed., *Realizadora de la serie*
Diana Kenney, M.A.Ed., NBCT, *Directora de contenido*
Stacy Monsman, M.A., *Editora*
Caroline Gasca, M.A.Ed., *Editora*
Sam Morales, M.A., *Editor asociado*
Kevin Panter, *Diseñador gráfico*
Sandy Qadamani, *Diseñadora gráfica*

Créditos de imágenes: págs.2–3 Thierry Gachon/ZUMA Press/Newscom; pág.4 Ian Dagnall/Alamy Stock Photo; pág.5 (superior) DeAgostini/Getty Images; pág.6 The Print Collector Heritage Images/Newscom; pág.7 Vova Pomortzeff/Alamy Stock Photo; pág.8 Leemage/Corbis via Getty Images; pág.9 Photo12/UIG via Getty Images; pág.10 Fine Art Images Heritage Images/Newscom; pág.11 akg-images/André Held/Newscom; pág.12 akg-images akg images/Newscom; pág.13 Universal History Archive/UIG via Getty Images; págs.14–15 PA Images/Alamy Stock Photo; pág.15 (primer plano) Moderna Museet; pág.16 (arte) Peter Horree/Alamy Stock Photo, (retrato) David Gahr/Getty Images; pág.17 Jim Lo Scalzo/EPA/Newscom; pág.18 Crane Kalman, London/Bridgeman Images; pág.19 Christie's Images/Bridgeman Images; pág.20 (superior) Private Collection/Bridgeman Images, (inferior) Christie's Images/Bridgeman Images; págs.20–21 dpa picture alliance archive/Alamy Stock Photo; pág.21 Active Museum/Alamy Stock Photo; pág.22 (inferior) Martha Holmes/The LIFE Picture Collection/Getty Images; págs.22–23 Carl Court/Getty Images; pág.24 (inferior) Gordon Parks/The LIFE Picture Collection/Getty Images; págs.24–25 B Christopher/Alamy Stock Photo; págs.26, 27 (primer plano) Chance Yeh/Getty Images; pág.27 (fondo) Mick Tsikas/Reuters/Newscom; todas las demás imágenes de iStock y/o Shutterstock.

Teacher Created Materials

5301 Oceanus Drive
Huntington Beach, CA 92649-1030
www.tcmpub.com

ISBN 978-1-4938-8319-6

© 2018 Teacher Created Materials, Inc.
Printed in China
Nordica.022018.CA21701404

Contenido

Comprender el arte abstracto

Muchos artistas intentan recrear lo que ven en el mundo real. Dibujan paisajes o hacen retratos de sus amigos. Pintan objetos conocidos. Pero también hay artistas que no tratan de reflejar el mundo exterior. Sus dibujos, pinturas y esculturas cumplen otro objetivo. A esos creadores se los conoce como artistas abstractos.

Vasili Kandinski pintó *Improvisación de ensueño* en 1913.

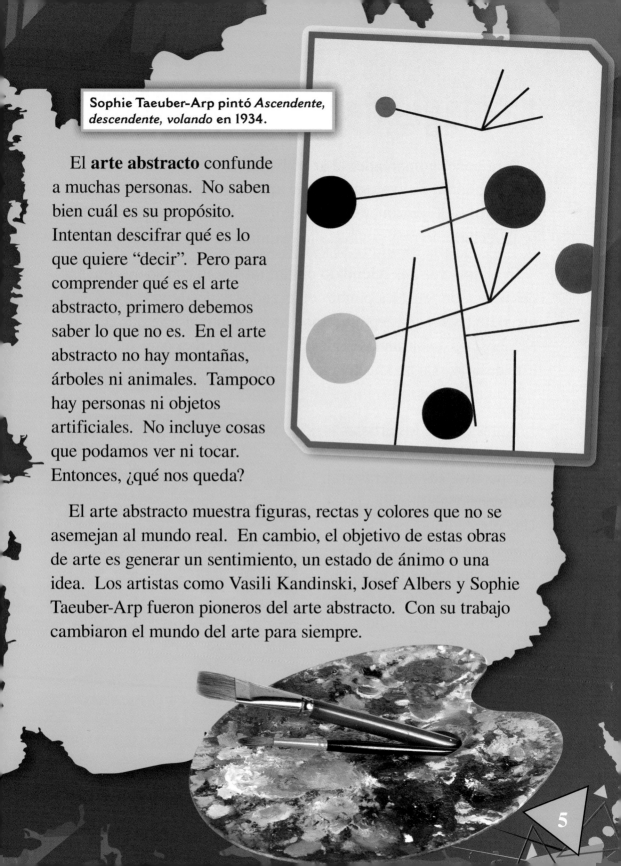

Sophie Taeuber-Arp pintó *Ascendente, descendente, volando* en 1934.

El **arte abstracto** confunde a muchas personas. No saben bien cuál es su propósito. Intentan descifrar qué es lo que quiere "decir". Pero para comprender qué es el arte abstracto, primero debemos saber lo que no es. En el arte abstracto no hay montañas, árboles ni animales. Tampoco hay personas ni objetos artificiales. No incluye cosas que podamos ver ni tocar. Entonces, ¿qué nos queda?

El arte abstracto muestra figuras, rectas y colores que no se asemejan al mundo real. En cambio, el objetivo de estas obras de arte es generar un sentimiento, un estado de ánimo o una idea. Los artistas como Vasili Kandinski, Josef Albers y Sophie Taeuber-Arp fueron pioneros del arte abstracto. Con su trabajo cambiaron el mundo del arte para siempre.

La magia de la perspectiva

Para poder comprender el arte abstracto, primero debemos explorar cómo ha **evolucionado** el arte. Antes de la era abstracta, los pintores deseaban crear arte realista. Intentaban que sus obras se parecieran lo más posible a la realidad.

Si alguna vez has intentado pintar, tal vez lo consideres un desafío. Comienzas a pintar con grandes expectativas. Pero luego, te frustras. La pintura no se ve como pensaste que se vería. Muchos artistas usan las reglas de la **perspectiva** para superar este desafío. La perspectiva les permite crear obras que parecen tridimensionales.

Antes de que los artistas aprendieran las reglas de la perspectiva, sus pinturas eran bidimensionales, o planas. Una obra como *Corte del banco del rey* es un ejemplo de una pintura en la que no se usa la perspectiva. No hay elementos de profundidad. Por eso, todas las personas que aparecen en el dibujo se ven del mismo tamaño.

En *Corte del banco del rey* no se usa la perspectiva.

6

Unos visitantes admiran la perspectiva de esta pintura de Rafael Sanzio.

Con el paso de los siglos, las pinturas se volvieron cada vez más realistas. Algunas casi parecían ser fotografías. Tomaba mucho tiempo hacer esas obras. Los artistas meditaban cada una de sus pinceladas. Rafael Sanzio usaba la perspectiva para que sus pinturas tuvieran un aspecto realista. Las personas que figuran en primer plano se ven más cerca que las del fondo.

El impresionismo

En el siglo XIX se produjo un gran cambio. Surgió un nuevo grupo de pintores. Tenían una visión particular. Los llamaron impresionistas. A estos artistas, a diferencia de los anteriores, no les preocupaba que el arte fuera exactamente como el mundo real. Les interesaba más capturar la luz y el color del momento. Pintaban rápido y a menudo al aire libre. Tomemos por ejemplo *Los nenúfares*, de Claude Monet. Esta pintura muestra objetos reales: nenúfares. Pero no es una representación perfecta. Jamás podría confundirse con una fotografía. Es demasiado abstracta. Los impresionistas dieron el primer paso hacia el arte abstracto.

Los nenúfares, de Claude Monet

Los tres músicos, de Pablo Picasso

El cubismo

Después de los impresionistas, aparecieron artistas como Pablo Picasso y Georges Braque. Sus trabajos eran aún más abstractos. Se los llamó cubistas. Los cubistas usan figuras geométricas para crear sus obras de arte. Un excelente ejemplo de cubismo es la pintura *Los tres músicos,* de Picasso. Lo primero que llama la atención son las figuras. Hay cuadrados y triángulos. Hay rectas y círculos. Pero mírala con más detenimiento. Las figuras componen tres formas definidas. Picasso, al igual que otros cubistas, pintó objetos del mundo real. Tal vez la obra *Los tres músicos* parezca extraña. Sin embargo, no es puramente abstracta.

Los artistas abstractos y la geometría

La popularidad del arte abstracto continuó creciendo. Las primeras obras abstractas eran geométricas. Eran conjuntos de figuras y colores expresivos. Artistas como Kandinski, Klint, Albers, Bauer y Taeuber-Arp ayudaron a desarrollar el arte abstracto. Sus trabajos parecen muy sencillos. Sin embargo, suelen ocultar un significado más profundo.

Vasili Kandinski

Muchos consideran a Vasili Kandinski como el primer artista abstracto. Nació en Moscú, Rusia, en 1866. Provenía de una familia adinerada. Durante su niñez, el pintor viajó con sus padres por toda Europa.

Kandinski pintó en su juventud. Sin embargo, de adulto se alejó del arte. Le preocupaba llevar una vida de artista. No estaba seguro de tener éxito. Entonces, a pesar de su amor por la pintura, se recibió de abogado. Pero a los 30 años de edad, Kandinski cambió de idea. Decidió tener fe. Dejó su carrera por la vida de artista.

Vasili Kandinski

Punto negro, de Vasili Kandinski

En las obras abstractas de Kandinski suele haber **puntos**, **rectas**, **semirrectas** y **segmentos**. Busca ejemplos de puntos, rectas, semirrectas y segmentos en esta pintura de Kandinski.

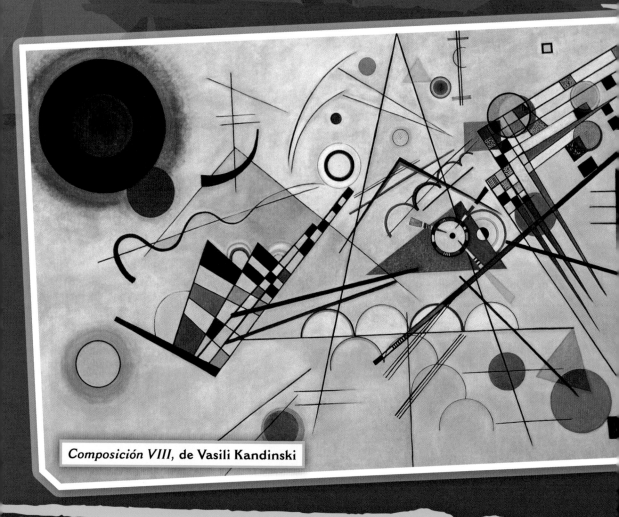

Composición VIII, de Vasili Kandinski

Kandinski admiraba a los impresionistas. Respetaba a los cubistas. Amaba el arte y su historia. Sin embargo, también anhelaba crear algo diferente. Quería hacer arte que no tuviera un tema. Deseaba que sus colores, rectas y figuras hablaran por sí mismos. De esta manera, los colores y las figuras se convertirían en su lenguaje. Expresarían sus sentimientos y emociones.

Para Kandinski, cada color producía un efecto diferente. Cada uno transmitía un mensaje único. Incluso creía que los colores tenían sonidos distintos. Consideraba que el amarillo era una trompeta. El azul era un órgano. Esta influencia de la música se observa claramente en los trabajos de Kandinski. Su *Composición VIII* parece contener una sinfonía. Cada una de sus pinceladas canta, como una nota musical.

Kandinski daba clases de diseño y pintura en una universidad de arte de Alemania. Dar clases lo ayudaba a desarrollar ideas nuevas para futuras obras de arte. Durante ese tiempo también escribió dos libros. En ellos explicó el uso de las figuras geométricas en su arte. Aún hoy siguen siendo populares.

EXPLOREMOS LAS MATEMÁTICAS

Kandinski solía incluir triángulos en sus pinturas. Los triángulos tienen ángulos **agudos**, **obtusos** y **rectos**. Los triángulos también pueden clasificarse como **equiláteros**, **isósceles** o **escalenos** según la longitud de sus lados.

1. Mira los triángulos de la pintura de Kandinski. Determina si cada ángulo es agudo, obtuso o recto.

2. ¿Cómo sabes si un triángulo es equilátero, isósceles o escaleno?

Puntas en arco,
de Vasili Kandinski

Hilma af Klint

Hilma af Klint es una artista abstracta menos conocida. Pero eso no la hace menos influyente en el movimiento artístico. Sus primeras obras son anteriores a las de sus pares más famosos. ¡Algunos estudiosos creen que en realidad fue ella, y no Kandinski, la primera artista abstracta!

Klint nació en Estocolmo, Suecia. De joven estudió en una escuela de arte. En ese entonces, Klint era bastante conocida por sus paisajes y retratos. No exhibía sus obras abstractas. No creía que la gente las comprendiera.

Una visitante observa la colección de Klint *Los diez mayores, Grupo IV,* de 1907, exhibida en una galería.

En el transcurso de su vida, Klint creó cientos de maravillas abstractas. Trabajaba rápido y solía pintar varias obras por semana. En ellas, Klint quería alcanzar algo que estaba más allá del mundo físico. Buscaba conectarse con el reino espiritual. Y, si bien Klint era de estatura pequeña, creó pinturas enormes. ¡Algunas superan los 10 pies (3 metros) de altura!

Antes de morir, Klint tomó una decisión que afectaría su legado, o la falta de él, por muchos años. En su testamento, ordenó que sus obras no debían hacerse públicas hasta al menos 20 años después de su muerte. Se respetaron sus deseos. Sus pinturas no se exhibieron públicamente hasta 1986: ¡42 años después de su muerte!

Hilma af Klint

una de las obras de *Homenaje al cuadrado,* de Josef Albers

Josef Albers

Josef Albers

Hay obras de Josef Albers en museos de todo el mundo. Albers era un innovador alemán. Inventó nuevas formas de arte. Uno de los movimientos artísticos se llamó Op art, o arte óptico. Se basaba en las ilusiones ópticas. Eso es lo que sucede cuando se engaña al ojo para ver algo que en realidad no existe.

Al igual que Kandinski, Albers era profesor. Durante 10 años, Albers dio clases en una universidad llamada Bauhaus. Fue en esa época que se le ocurrieron algunas de sus ideas más brillantes. Albers escribió: "Un color tiene muchas caras, y se puede lograr que un mismo color parezca dos colores diferentes". Los colores son muy importantes en el arte abstracto. Albers enseñaba a través de ejercicios de color. Así, sus estudiantes podían analizar cómo interactúan los colores.

Uno de los grandes talentos de Albers era crear ilusiones con el color. Estudió cómo cambian los colores. *Homenaje al cuadrado* es su serie más famosa. Muestra la manera en que los colores interactúan uno con otro. En cada una de las pinturas hay un grupo de cuadrados superpuestos.

Un visitante de un museo observa la serie *Homenaje al cuadrado* de Albers.

EXPLOREMOS LAS MATEMÁTICAS

La siguiente imagen es un ejercicio de color de Josef Albers. Incluye rectas **paralelas** y rectas **perpendiculares**.

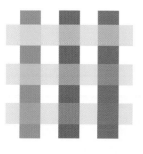

1. Mira las tres barras amarillas. ¿Son paralelas o perpendiculares entre sí? Explica tu razonamiento.

2. Mira las barras verdes, moradas y rojas. ¿Son paralelas o perpendiculares a las barras amarillas? Explica tu razonamiento.

Rudolf Bauer

Como la mayoría de los pintores, Rudolf Bauer experimentó con muchos estilos artísticos. Sin embargo, se sintió más identificado con el arte abstracto. Al igual que Kandinski, Bauer se inspiraba en la música. Sus pinturas parecen canciones alegres. Bauer incluso dio un título musical a muchas de sus obras.

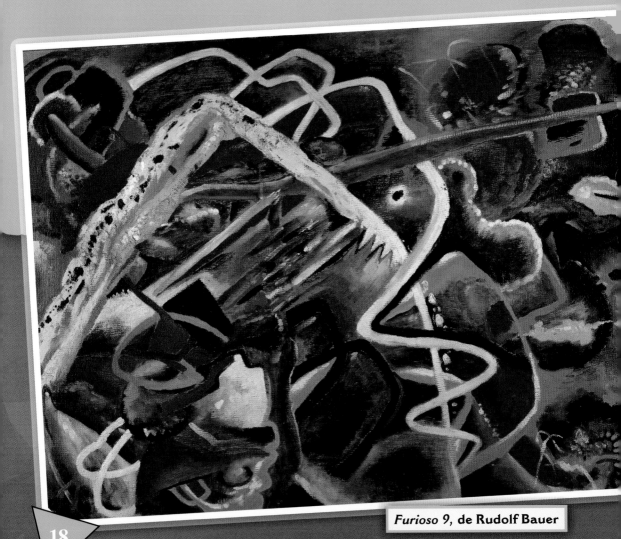

Furioso 9, de Rudolf Bauer

Bauer dedicó su vida al arte. En la década de 1930, abrió un museo en Alemania. En el museo exhibía sus propias pinturas y también las de Kandinski. Un grupo político racista que se llamaba Partido Nazi no estuvo de acuerdo con la existencia del museo. Lo cerraron y vendieron las pinturas. Destruyeron aquellas que no vendieron. Poco después, los nazis enviaron a Bauer a prisión. A pesar de estar encarcelado, continuó trabajando. Fue liberado varios meses más tarde. Lamentablemente, nunca podremos ver las valiosas obras que fueron destruidas.

El arte de Bauer ha sido descrito como más escultural que el de Kandinski. Eso significa que sus obras parecen más tridimensionales. Sin embargo, él y Kandinski tenían muchos aspectos en común. Ambos sentían que los colores servían para expresar sentimientos e ideas.

EXPLOREMOS LAS MATEMÁTICAS

En esta pintura de Rudolf Bauer hay dos triángulos. Compara las propiedades de los triángulos. ¿En qué se parecen? ¿En qué se diferencian?

Círculos y triángulos, de Rudolf Bauer

Sophie Taeuber-Arp

Sophie Taeuber-Arp fue una importante representante de los inicios del arte abstracto. Nació en Suiza en 1889. Suiza era un país que valoraba la libre expresión. Por esa razón, los artistas se reunían allí para practicar su arte. Taeuber-Arp pronto formó parte de un movimiento artístico rebelde. Ese movimiento se llamó dadaísmo.

Cabeza dadá, de Sophie Taeuber-Arp

Sophie Taeuber-Arp posa detrás de *Cabeza dadá*.

En esta pintura de Sophie Taeuber-Arp hay muchas figuras. Compara las propiedades de *Cuadrilátero A* y *Cuadrilátero B*. ¿En qué son similares? ¿En qué son diferentes?

Cuadrilátero A

Cuadrilátero B

Cuatro espacios con una cruz rota, **de Sophie Taeuber-Arp**

El dadaísmo nació como una reacción a la Primera Guerra Mundial. Muchos artistas estaban horrorizados por la violencia. Así que los dadaístas optaron por lo absurdo. Creían que el arte tenía que ser divertido. Pensaban que la mayoría de los artistas eran demasiado serios. Los dadaístas crearon muchas formas de arte. Casi todas eran muy extrañas. Hicieron esculturas con inodoros. Pintaron un bigote a la *Mona Lisa*. ¡Nada estaba prohibido!

Taeuber-Arp se destacó por su originalidad dentro de ese grupo de artistas rebeldes. Era mucho más que una pintora. También era escultora, bailarina y diseñadora de títeres. Sus obras hablan de la libertad y la alegría. Cada obra fue creada por casualidad y según el estado de ánimo del momento.

Postes azules, de Jackson Pollock

Jackson Pollock trabaja
en su estudio en 1949.

Más allá de la abstracción geométrica

Los primeros artistas abstractos trabajaron principalmente con figuras geométricas. Pero, con el tiempo, otros artistas exploraron diferentes posibilidades. Querían probar técnicas nuevas. Buscaban crear otras formas de arte abstracto. Esos artistas dejaron atrás las rectas y las semirrectas. Se concentraron en lograr obras de arte más fluidas.

Jackson Pollock

No se puede hablar de arte abstracto sin mencionar a Jackson Pollock. Pollock era estadounidense. Nació en Wyoming en 1912. De joven, se mudó a Nueva York. Allí comenzó su vida artística. Al graduarse de la escuela de arte, Pollock tuvo problemas económicos. Era la época de la Gran Depresión. Había pocas oportunidades laborales. Pero Pollock finalmente encontró trabajo y progresó como artista.

Pollock no era un pintor refinado. No ponía cuidado al crear sus obras. En cambio, aplicaba la pintura directamente sobre el lienzo. Arrojaba y salpicaba pintura, a menudo con el lienzo en el suelo. Con el tiempo, esa técnica se conoció como pintura de acción. Pollock inspiró a la siguiente generación de artistas abstractos.

Helen Frankenthaler

Nacida en 1928, Helen Frankenthaler creció en Nueva York dentro de una familia adinerada. Comenzó a pintar de pequeña. Como artista abstracta, usó las técnicas de pintura de Pollock. Tras colocar el lienzo en el suelo, vertía la pintura desde arriba.

Aunque Pollock influyó en la obra de Frankenthaler, su estilo era muy diferente. Pollock cubría todo el lienzo con capas de pintura. Apilaba un color sobre otro. Frankenthaler intentó algo nuevo. Creaba manchas en el lienzo. En sus obras, la pintura y el lienzo se convertían en una sola cosa.

Helen Frankenthaler posa con sus pinturas.

Montañas y mar, de Helen Frankenthaler

En 1952, Frankenthaler pintó la primera obra en la que usó ese estilo. Creó las manchas diluyendo las pinturas al óleo. Luego, dejó que el lienzo absorbiera los colores. Le dio el nombre de *Montañas y mar*.

Muchas personas no comprendieron esta pintura. Les parecía que estaba sin terminar. Creían que aún había trabajo por hacer. Pero sus obras se volvieron importantes. Su estilo distintivo influyó en muchos artistas. Hizo un gran aporte al mundo del arte abstracto.

La próxima generación

El arte abstracto no representa objetos del mundo real. Pero sí representa nuestros sentimientos e ideas. Hoy día, personas de todo el mundo crean valiosas obras de arte abstracto, ¡incluso algunos tan jóvenes como tú!

Aelita Andre es una de esos artistas. Comenzó a pintar cuando aún aprendía a caminar. Hay quienes dicen que es una niña **prodigio**. Durante el transcurso de su carrera, ha creado muchas obras. Sus pinturas están llenas de colores vibrantes.

El arte de Andre ha sido comparado con las obras de Pollock. Al igual que Pollock, su estilo es desordenado. Andre suele usar las manos para untar la pintura. También salpica pintura desde arriba sobre el lienzo. Construye su arte color por color. Cada pintura es una obra maestra única.

Aelita Andre

Cuando le preguntaron sobre su trabajo artístico, Andre comentó: "Cuando pinto me siento libre. No me siento encerrada en un mundo pequeño. Solo me siento libre e increíble". ¡Andre es fuente de inspiración para los artistas jóvenes del mundo entero!

Aelita Andre creó esta colección de obras de arte cuando tenía tres años.

obras de arte de Aelita Andre exhibidas en una galería de la ciudad de Nueva York en 2014

 Resolución de problemas

¿Alguna vez has querido crear una obra maestra del arte abstracto? ¡Pues esta es tu oportunidad!

Es tu turno de crear tu propia obra de arte abstracto. Asegúrate de incluir todos los elementos de la lista. (Recuerda: también puedes añadir otros elementos). Luego, contesta las preguntas sobre tu obra de arte.

1. ¿Cuál es el título de tu obra de arte? ¿Qué te inspiró a elegir ese título?

2. Elige dos figuras de tu obra de arte. Compara las propiedades de las figuras. ¿En qué se parecen? ¿En qué se diferencian?

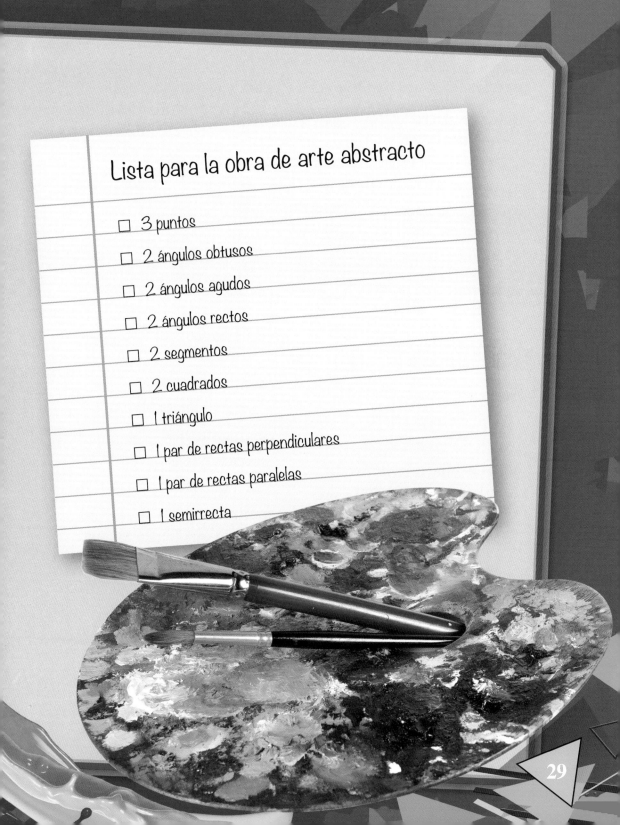

Lista para la obra de arte abstracto

- ☐ 3 puntos
- ☐ 2 ángulos obtusos
- ☐ 2 ángulos agudos
- ☐ 2 ángulos rectos
- ☐ 2 segmentos
- ☐ 2 cuadrados
- ☐ 1 triángulo
- ☐ 1 par de rectas perpendiculares
- ☐ 1 par de rectas paralelas
- ☐ 1 semirrecta

Glosario

agudos: menores de 90 grados

arte abstracto: estilo artístico que usa colores y líneas rectas para crear un dibujo que no parece realista

equiláteros: que tienen tres lados iguales y tres ángulos iguales

escalenos: que no tienen lados iguales ni ángulos iguales

evolucionado: cambiado o desarrollado lentamente

isósceles: que tienen dos lados iguales y dos ángulos iguales

obtusos: mayores de 90 grados, pero menores de 180 grados

paralelas: que se extienden en la misma dirección y a la misma distancia que otras rectas, pero que nunca se encuentran

perpendiculares: que se intersecan con otras rectas para formar un ángulo de 90 grados

perspectiva: manera de mostrar profundidad o distancia en un dibujo

prodigio: persona joven con un talento extraordinario

puntos: posiciones, ubicaciones o lugares determinados

rectas: series de puntos alineados que se extienden sin fin en ambas direcciones

rectos: que miden exactamente 90 grados

segmentos: partes de una recta que están entre dos extremos

semirrectas: partes de una recta que tienen un solo extremo y que se extienden sin fin en una dirección

Índice

Soluciones

Exploremos las matemáticas

página 11:

Las respuestas variarán, pero deben incluir ejemplos de puntos, rectas, semirrectas y segmentos de la obra de arte.

página 13:

1. Las respuestas variarán, pero deben describir los ángulos menores de 90° como agudos, los ángulos mayores de 90° como obtusos y los ángulos iguales a 90° como rectos.

2. Los triángulos equiláteros tienen 3 lados iguales y 3 ángulos iguales. Los triángulos isósceles tienen 2 lados iguales y 2 ángulos iguales. Los triángulos escalenos no tienen lados iguales ni ángulos iguales.

página 17:

1. Paralelas; Las rectas paralelas son dos rectas que están a la misma distancia y que no se encuentran en ningún punto.

2. Perpendiculares; Las rectas perpendiculares se intersecan para formar un ángulo recto (90°).

página 19:

Similares: Tanto el triángulo amarillo como el triángulo negro tienen 3 lados, 3 ángulos y 2 ángulos agudos. Diferentes: El triángulo amarillo tiene 3 ángulos agudos, mientras que el triángulo negro tiene un ángulo obtuso.

página 21:

Similares: Tanto el cuadrilátero A como el cuadrilátero B tienen 4 lados, 4 ángulos, lados opuestos de igual longitud y ángulos opuestos iguales. Diferentes: El cuadrilátero A tiene 4 ángulos rectos, mientras que el cuadrilátero B tiene 2 ángulos agudos y 2 ángulos obtusos.

Resolución de problemas

Los dibujos variarán, pero se deben incluir todos los elementos de la lista en la obra de arte.

1. Las respuestas variarán, pero deben incluir un título y el razonamiento que llevó a elegir ese título.

2. Las respuestas variarán, pero deben describir en qué se parecen y en qué se diferencian los atributos de dos figuras de la obra de arte.